D U N H C T G B L M R

Werner Färber

Bildermaus

Geschichten vom Elfenballett

Illustrationen von Julia Ginsbach

Loewe

FSC
Mix
Produktgruppe aus vorbildlich bewirtschafteten Wäldern, kontrollierten Herkünften und Recyclingholz oder -fasern
Zert.-Nr. SGS-COC-2939
www.fsc.org

ISBN 978-3-7855-6515-5
1. Auflage 2009

Umschlagillustration: Julia Ginsbach
Reihenlogo: Angelika Stubner
Printed in Italy (011)

www.leseleiter.de
www.loewe-verlag.de

Inhalt

Überraschung zum Schulanfang

„Darf ich meine  jetzt

aufmachen?“, fragt die kleine 

Elvira. „Erst in der 

“, hatte 

zu  gesagt. Als sie in

der 

ankamen, sagte  :

„Erst nachdem dich die 

begrüßt hat.“

Inzwischen ist die kleine 

längst von der  begrüßt worden.

Aber  fällt noch etwas ein:

„Zuerst müssen wir ein  von

dir machen.“

Die  piepst, das  ist fertig.

Elvira stampft mit dem 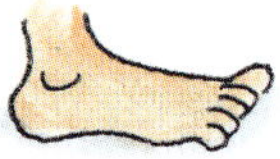 auf.

„Ich will endlich wissen, was in

der  ist“, sagt sie. „Erst noch

ein  mit “, sagt .

„Menno“, mault die kleine ,

strahlt aber auch für dieses .

Und für das mit  ebenfalls!

Danach setzt sie sich auf einen 

und öffnet vorsichtig die .

Was mag in der  sein?  ?

Oder ? Oder vielleicht ein ?

Nein! Elvira glitzert ein 

entgegen! Den schiebt sie sich

sofort in die .

Als sie die rosafarbenen 

findet, bleibt der kleinen  der 

offen stehen. Mit zitternder 

greift sie tief in die  und zieht

ein rosafarbenes 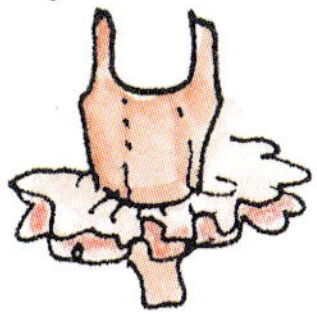 heraus.

„Ich darf  werden!“, jubelt die kleine  und findet doppelt schön, was heute alles passiert!

Theo Troll will mitmachen!

Der  Theo möchte so gerne mit den  tanzen. Die  schüttelt den . „Tut mir leid, Theo. Du passt ja nicht einmal in ein .“ Doch Theo wäre kein richtiger , wenn er jetzt locker-ließe.

Er wühlt in alten  und ,

durchsucht jeden , bis er ein

passendes  findet. Ein wenig

lustig sieht er schon darin aus.

Elvira, die kleine , zeigt auf

Theos haarige . „Jetzt brauchst

du noch .“ Der  lässt sich

vom  extrabreite 

anfertigen. „Also gut“, sagt die .

„Meinetwegen kannst du mit

den  tanzen.“

Der  gibt wirklich alles. Im

großen  kann er beobachten,

dass die  ihre 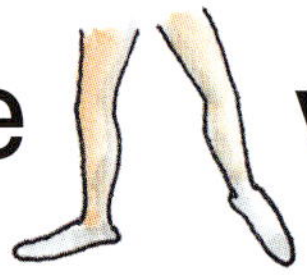 viel höher

schwingen als er. Und sie können

auch viel besser auf den 

stehen als er.

Wenn Theo sich drehen soll, kippt

er um. Rums! Während die 

leicht wie  schweben, rumpelt

der , dass die  zittert.

Ein 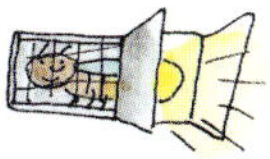 fällt krachend auf die 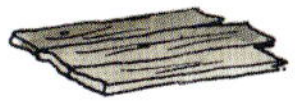.

„Es tut mir leid, lieber . So wie du trampelst, geht alles kaputt!“, sagt die . „Ich kann den  reparieren“, erwidert der  kleinlaut.

„Ich hab's!", ruft die kleine .

„Wenn Theo bei uns mitmachen

möchte, kann er doch die 

bedienen!" „Und er kann die 

herrichten!", ruft die Nächste.

„Und unsere  lenken!“,

schlägt die dritte  vor.

„Möchtest du uns mit den 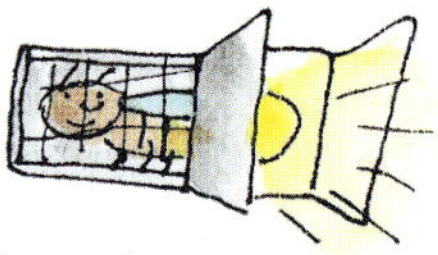,

der  und der  helfen?“,

fragt die  den . Theo nickt

begeistert. Wenn er selbst schon

nicht zum  geboren ist,

kann er den  wenigstens

helfen.

Die Schmetterlinge sind müde

Die kleine  sieht auf die . Sie schnappt sich die  und ihr 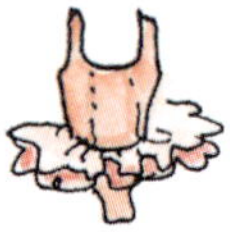. „Wir können los!“, ruft sie. „Tut mir leid, Elvira“, antwortet . „Wir können die  heute nicht mehr benutzen.“ Die kleine  zeigt aus dem .

„Aber da draußen steht sie doch."

„Wir waren heute schon so viel

unterwegs. Unsere  sind

erschöpft", sagt . „Ich frage

die , ob sie es nicht doch

schaffen", ruft Elvira.

Sie saust hinaus zu den , wo

die  auf den  sitzen

und  tanken. Sie lassen müde

ihre  hängen. Die kleine 

sieht ein, dass sie den 

zur 

nicht mehr schaffen.

„Warum so traurig, kleine  ?“,

brummt ein . „Die  sind

müde. Wir haben niemanden, der

uns die  zieht.“ „Und das ist

alles?“, fragt der .

Er fliegt knatternd davon und

kehrt schnell wie ein  mit drei

anderen  zurück. „! Wir

können los!“, ruft die kleine ,

nachdem sie die vier  vor

die  gespannt hat.

Elviras  bedankt sich bei den . Kaum hat sie die  in den 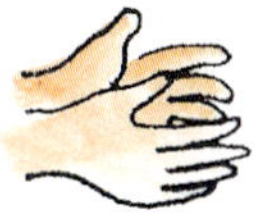, knattert die  los. Elvira hält sich die   zu.

Die  sind deutlich leiser.

Aber solange sie rechtzeitig

zur 

kommt, ist das der

kleinen  egal.

Eine Dusche für den Dirigenten

Die  im  ist festlich geschmückt. Hinter dem 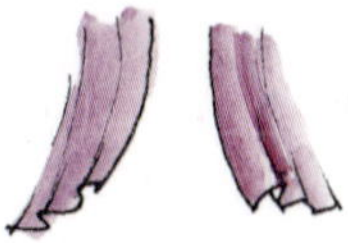 wimmeln die  aufgeregt wie die  durcheinander. Sie dürfen heute vor  tanzen!

Die  blickt besorgt zu den dunklen .

Bestimmt regnet es gleich. Muss

sich der  ausgerechnet heute

verspäten? Die  Elvira schwebt

zum  und linst ins .

„Alle  sind besetzt“, flüstert sie den anderen  zu. Die  kommen mit den . „Pling!“, tönt die . Eine verstimmte  jammert. Die 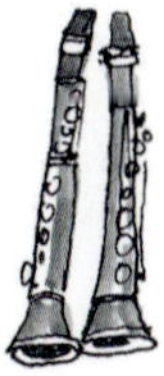 quäken.

Endlich erscheint auch der .

„Können wir anfangen? Es donnert schon“, drängt die . Der  winkt ab. „Das ist doch nur unsere “, sagt er. Er hebt den 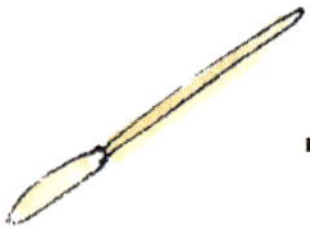. Das  verstummt.

Der  Theo schaltet die 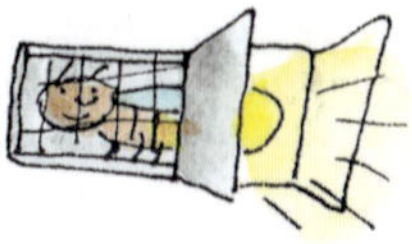

an. Der schwere 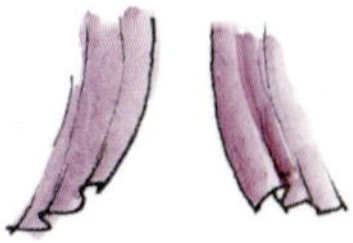 hebt sich.

Das  legt los. Die 

tanzen über die . „Sind die 

nicht hinreißend?“, flüstert ein 

ganz vorne.

„Entzückend“, erwidert der .

„Scht!“, zischt die . Scheinbar

schwerelos schweben die ,

als hauchzart die  erklingt.

KRAWURUMS!, rumpelt es

plötzlich.

Und diesmal ist es nicht die  !

Ein krachender  zuckt herab.

Die  fliehen von der  .

Dicke 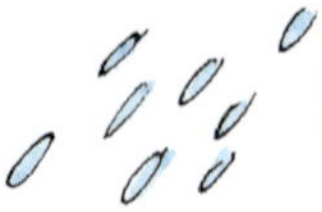 klatschen aufs  .

Alle springen von den  und rennen davon. Das  lässt die  und  stehen und flüchtet.

Allein der  lässt sich nicht

beirren. ,  und 

sind längst verschwunden, als er

noch immer trommelnde  und

zuckende  dirigiert.

Die Wörter zu den Bildern:

Schultüte

Elfe

Schule

Papa

Haus

Mama

Lehrerin

Foto

Kamera

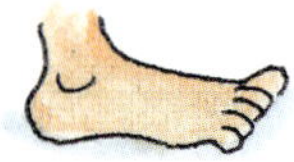
Fuß

Stuhl

Schleife

Buntstifte

Schokolade

Buch

Haarreif

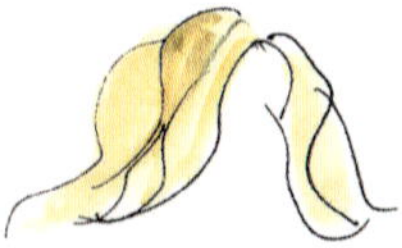
Haare

Ballettschuhe

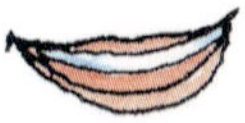
Mund

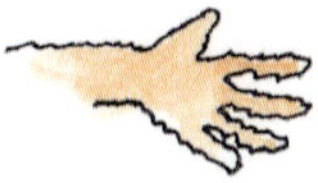
Hand

Ballettkleid

Balletttänzerin

Troll

Ballettlehrerin

Kopf

Ballettkostüm

Koffer

Kisten

Schrank

Schuster

Spiegel

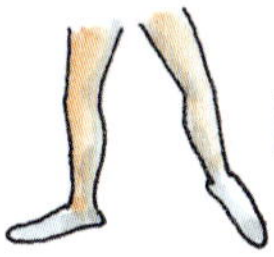
Beine

Zehenspitzen

Federn

Bühne

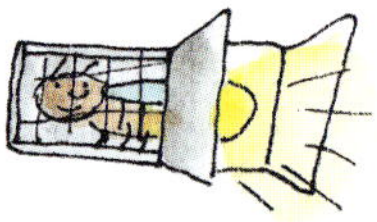

Scheinwerfer

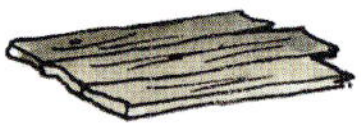

Bretter

Kutsche

Balletttänzer

Uhr

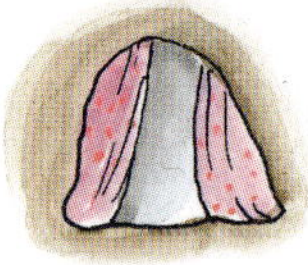

Fenster

Schmetter-
linge

Büsche

Blüten

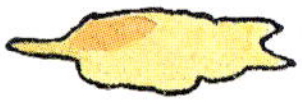

Nektar

Flügel

Weg

Ballettschule

Käfer

Pfeil

Zügel

Ohren

Wald

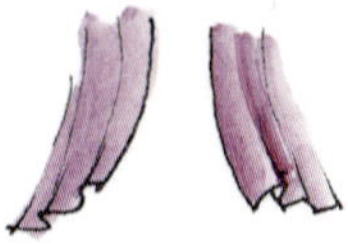
Vorhang

Hühner

Publikum

Wolken

Dirigent

Musiker

Instrumente

Triangel

Geige

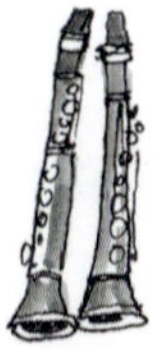
Klarinetten

Pauke

Taktstock

Orchester

Hase

Fuchs

Eule

Harfe

Blitz

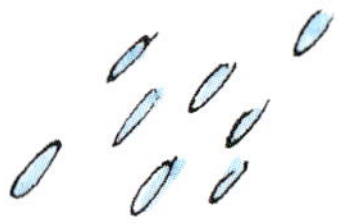

Regentropfen

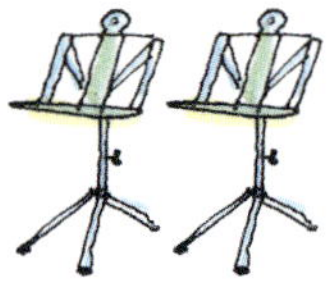

Notenständer

Werner Färber wurde 1957 in Wassertrüdingen geboren. Er studierte Anglistik und Sport in Freiburg und Hamburg und unterrichtete anschließend an einer Schule in Schottland. Seit 1985 arbeitet er als freier Übersetzer und schreibt Kinderbücher.
Mehr über den Autor unter www.wernerfaerber.de.

Julia Ginsbach wurde 1967 in Darmstadt geboren. Nach ihrer Schulzeit studierte sie in Heidelberg und Frankfurt Musik, Kunst und Germanistik. Heute lebt sie mit ihrer Familie, jeder Menge Tiere, Pinseln, Farben, Papier und ihrer Geige in einem alten Haus in Norddeutschland und arbeitet als freie Illustratorin.

Bildermaus

In der Reihe Bildermaus erzählen vier kurze Geschichten von den Abenteuern einer liebenswerten Figur, von einem spannenden Schauplatz oder von wichtigen Festen des Jahres. Im Text werden alle Hauptwörter durch kleine Bilder ersetzt, die schon Kinder ab 5 Jahren beim gemeinsamen (Vor-)lesen erkennen und benennen können. Mit der Bildermaus wird das Lesenlernen zu einem wirklich spannenden Vergnügen.

LOEWE

J
O
S
P
K
A
E
y
I
Q
F
w
V
Z